LOUIS JOURDAN

LA GUERRE

A L'ANGLAIS

PARIS
LIBRAIRIE NOUVELLE
BOULEVARD DES ITALIENS, 15

A. BOURDILLIAT ET Cᵉ, ÉDITEURS

1859

Paris. — IMP. DE LA LIBRAIRIE NOUVELLE. — A. Bourdilliat, 15, rue Breda.

LA GUERRE A L'ANGLAIS

I

Des symptômes fâcheux se manifestent ; l'horizon politique se charge de petits nuages noirs qui pourraient bien être les signes précurseurs d'une tempête. Les chances d'un conflit avec l'Angleterre, chances si souvent prévues et si souvent écartées, apparaissent aujourd'hui à beaucoup d'esprits plus rapprochées et plus menaçantes. On va partout disant que les rapports officiels entre les deux gouvernements s'aigrissent, que l'attitude prise par le cabinet anglais dans la question italienne est une cause de dissentiments de jour en jour plus graves. D'autres, au contraire, affirment que tout est convenu et arrangé, que toutes les difficultés sont aplanies.

Sous l'influence de ces rumeurs contradictoires, l'opinion publique s'inquiète, les affaires ne se développent pas d'une façon normale, la possibilité d'une guerre avec l'Angleterre est discutée publiquement, considérée par le plus grand nombre comme un immense malheur ; mais, il faut bien le dire aussi, on accepte sans peine à tous les degrés de l'échelle sociale cette éventualité d'une légitime revanche. Les vieilles haines nationales, les préjugés qu'une longue période de paix avait amortis, s'éveillent, et le sentiment public, par une de ces contradictions qui lui sont familières, veut la paix, et en même temps ne se montre pas défavorable à l'opinion de ceux qui considèrent une guerre avec l'Angleterre comme inévitable.

Il faut croire que ce sentiment trouve des organes dans certaines régions officielles ou semi-officielles, puisque la presse départementale a publié un article significatif qui ne peut émaner que d'une des correspondances placées sous la surveillance du ministère de l'intérieur.

Cet article a une importance assez grande pour qu'on le reproduise ici :

« Il y a, dans l'existence des peuples, des heures solennelles qui décident pour longtemps de leur puissance et de leur avenir. Il nous semble que l'Angleterre touche à l'un de ces moments critiques. Depuis quelques années, cette nation, que la politique et le travail plutôt que les armes avaient faite si forte, semble avoir conscience d'un dépérissement graduel. Elle se raidit en vain. Cette virilité, dont elle écrasa l'Europe à partir de 1815 jusqu'au rétablissement glorieux de la dynastie napoléonienne, elle ne la sent plus en elle. Aussi, inquiète du jour présent, plus alarmée encore sur ce que le lendemain lui prépare, elle cherche, pleine de préoccupations jalouses, la voie qui peut la rapprocher de son ancienne fortune. De là, des oscillations et des défaillances sans nombre, qui étonnent les peuples et prennent au dépourvu les hommes d'État eux-mêmes. L'Angleterre, si décidée et si précise autrefois, ne sait plus que vouloir. Le sens de ses traditions lui échappe. Son esprit chagrin l'absorbe, et parce qu'elle ne veut point reconnaître son amoindrissement, elle s'affaisse.

» Le gouvernement actuel de la France, l'Europe en est témoin, n'a jamais songé à profiter, dans un intérêt personnel, de cette situation, qu'il a toujours tempérée, au contraire, dans la mesure la plus étendue. En Crimée, en Chine et dans la plupart des grandes affaires de l'Europe, l'empereur Napoléon III s'est toujours efforcé de mettre en commun, avec l'auguste souveraine de la Grande-Bretagne, sa fortune et sa gloire, ne se souciant pas de savoir laquelle des deux couronnes donnait à l'autre de plus brillants reflets. Au moment où la question italienne passa du domaine de la diplomatie dans l'ordre critique des faits, la France n'épargna rien encore pour unir à elle son ancienne alliée, et la mettre à même de partager l'honneur de rendre à un peuple entier cette indépendance mesurée et cet ordre fécond qui grandissent, non-seulement celui qui les reçoit, mais ceux qui les donnent. On sait quelle réponse fut faite à ces généreuses avances par le cabinet tory. La France dut accomplir seule la tâche.

» Cependant le ministère britannique changea, et la nouvelle administration parut faire preuve à l'égard de notre politique et de la cause italienne d'un meilleur vouloir. Après les victoires de Magenta et de Solferino, le Foreign-Office proclama ses sympathies pour les adversaires de l'Autriche, mais en se hâtant d'ajouter que les parties contendantes devaient laisser à l'Europe le soin de partager leur différend. Dès cet instant, le congrès, ou du moins un haut conseil des puissances, n'eut pas de partisan plus chaleureux que le cabinet britannique.

» Après les préliminaires de paix signés à Villafranca, l'attitude de l'Angleterre fut la même, comme aussi lors de la réunion des plénipotentiaires à Zurich. Il y a peu de jours encore, les feuilles officieuses de lord John Russell se montraient unanimes à établir la nécessité pour l'Europe de faire fructifier par son intervention directe toutes les innovations favorables à l'Italie qui se trouvaient dans les conventions signées à Zurich, et devant servir d'instrument de paix. Et cependant, voici qu'à l'heure où l'annonce officielle est donnée que cet instrument est prêt à être mis sous les yeux de l'Europe, l'Angleterre semble ne plus vouloir tenir sa parole. Le *Morning-Post* publie du moins, coup sur coup, deux articles qui donnent à cet égard de sérieuses craintes.

» Nous ne discuterons pas prématurément ce nouvel acte de tergiversation avant d'en connaître officiellement le caractère. Il nous en coûterait trop de dire des vérités sévères à une ancienne alliée, avant qu'elle nous ait fourni la preuve de ses nouveaux torts. Mais s'il était vrai que le langage du *Morning-Post* ne fût que l'expression de la pensée du Foreign-Office, alors nous ne pourrions que signaler l'abaissement fatal d'un grand État relégué désormais du premier rang à celui de puissance du second ordre. Nous ne pourrions que dire à l'Angleterre qu'elle a vécu, et qu'il ne s'agit plus pour sa reine que d'assister passivement aux décrets que l'Europe prendra avec ou sans elle. »

Quelle que soit la pensée qui a inspiré cette communication, elle mérite d'être prise en considération très-sérieuse, alors même que l'Angleterre, comme on nous l'annonce au moment où nous écrivons ces lignes, consent à faire partie du congrès. Il est incontestable qu'un pareil article, reproduit par nos journaux des départements que l'administration préfectorale surveille de près, a dû faire croire, au plus grand nombre de leurs lecteurs, que les relations entre la France et l'Angleterre avaient pris un caractère fâcheux, et qu'un conflit était, sinon prochain, au moins probable. Nos propres renseignements nous donnent la certitude que cette probabilité a été accueillie avec une sorte de joie puérile.

Nous considérons comme un devoir de combattre cette tendance dans ce qu'elle a d'exagéré ou de violent, d'examiner sans passion et sans parti pris la situation réciproque des deux pays, et de déterminer les circonstances qui seules pourraient justifier soient les frayeurs dont nous avons vu l'explosion de l'autre côté du détroit, à la suite de l'événement du 14 janvier 1858, soit le sentiment antianglais dont nous venons de constater l'existence.

II

Les gouvernements européens veulent la paix, non par amour de la paix, mais parce qu'ils n'ont pas les moyens de faire la guerre.

Pour faire la guerre il faut, dit-on, trois choses : de l'argent, de l'argent et puis de l'argent. Pour avoir ces trois choses il faut travailler, et le travail n'est fécond et productif que par la paix. La richesse est un arbre qui croit et donne des fruits lorsqu'il est arrosé de sueurs, et dont la séve cesse de circuler dès qu'on l'arrose de sang. Donc toutes les nations en Europe ont intérêt à la paix. La France et l'Angleterre ont seules des épargnes et un crédit qui leur permettent de faire la guerre. La France a, de plus que l'Angleterre, des instincts guerriers et une population intrépide qui lui permettent de courir plus aisément les chances des combats.

La France et l'Angleterre, par ce fait seul qu'elles sont les plus riches, sont aussi les plus puissantes, les plus éclairées, les plus libérales parmi les nations européennes. Unies, elles peuvent tout, elles peuvent non-seulement faire la police de l'Europe, y introduire un ordre nouveau, y faire prévaloir les causes justes et les grands principes sur lesquels leurs constitutions sont fondées, mais encore exercer leur influence sur tous les points du globe.

Leur union sincère, féconde, durable, est-elle possible ? Elle le serait sans doute si l'organisation sociale des deux pays était homogène, mais avec les divergences qui s'y manifestent, cette union essentiellement précaire est subordonnée à toutes les exigences d'intérêts qui n'ont pas un point de départ commun.

Quelle que soit la forme, quelles que soient les aspirations du régime politique qu'elle acclame ou qu'elle subit, la France est un pays démocratique, une terre d'égalité. La révolution de 1789 a creusé sur son sol un sillon tellement profond que des siècles de réaction ne parviendraient pas à l'effacer.

L'Angleterre est gouvernée par une oligarchie puissante, composée de trois à quatre cents familles qui possèdent le sol, dirigent seules les affaires publiques et exploitent l'activité nationale.

Entre deux gouvernements ainsi constitués nul accord ne peut être durable. La démocratie française obéit à un principe qui la domine, qui est à la fois sa vie et sa force ; l'oligarchie anglaise

obéit à des intérêts que les circonstances modifient et qui donnent à sa politique ce déplorable caractère de versatilité dont la
dernière guerre d'Italie nous a fourni une nouvelle preuve.

Nous avons vu alors non pas l'Angleterre, mais la politique
anglaise faire volte-face à toutes ses sympathies libérales pour
l'Italie, se tourner vers l'Autriche, appuyer ses injustes prétentions et assumer légèrement le fardeau écrasant d'une responsabilité que l'histoire fera peser sur elle. Aujourd'hui le cabinet
anglais met au vent le drapeau de la liberté et de l'indépendance
des peuples sans songer que tous ses arguments en faveur de
l'Italie forment l'acte d'accusation le plus formidable qui se puisse
imaginer contre la conduite qu'il a tenue naguère à l'égard des
îles Ioniennes. Qu'il soit sincèrement ou non arboré, ce drapeau est celui de la justice et du droit; là où il flotte, là vont nos
vœux et nos espérances. Mais nous avons bien le droit d'être en
défiance contre le libéralisme anglais, contre la soudaine résur-
rection des sympathies britanniques pour la cause italienne, quand
nous avons vu ce libéralisme nous faire défaut et ces sympathies
s'évanouir juste au moment où l'Italie en avait le plus grand
besoin. L'Angleterre nous a laissé aller seuls en Italie et nous ne
sommes pas parfaitement édifiés sur ce qu'elle faisait pendant
que nos glorieux soldats battaient l'Autriche à Magenta, à Mari-
gnan et à Solferino. Quoi qu'il en soit, l'Angleterre n'était pas à
côté de nous sur ces champs de bataille où se décidait le sort de
l'Italie, et il est assez étrange qu'aujourd'hui elle ait eu l'idée de
s'opposer à la réunion d'un congrès sous le prétexte que les bases
de la paix arrêtées à Villafranca et à Zurich ne sont pas conformes
aux vœux des populations de l'Italie centrale. Qu'importent les
décisions arrêtées entre les deux souverains de France et d'Autriche, du moment où elles ne peuvent être imposées par la

force? Et, d'ailleurs, où peut-on espérer d'améliorer ce qu'il peut y avoir de défectueux dans les conditions de la paix, si ce n'est devant un tribunal suprême où seront représentées toutes les puissances européennes?

La résolution attribuée au cabinet anglais relativement au futur congrès, son abstention motivée par une passion soudaine pour l'indépendance italienne, auraient donc caché une de ces arrière-pensées égoïstes si familières à la politique anglaise. Cette passion éclate bien tard ; elle aurait dû naître quand la France a tiré l'épée en faveur de l'Italie, elle aurait dû pousser l'Angleterre à agir de concert avec nous. Aujourd'hui, il est évident que la question italienne doit être résolue par un congrès ; elle le sera avec ou sans le concours de l'Angleterre, et il est bien entendu, il est solennellement convenu que le vœu des populations de l'Italie centrale sera respecté quel qu'il soit; que la force ne prévaudra pas contre le droit des peuples.

III

L'Angleterre touche à une heure décisive. Sa puissance extérieure est ébranlée; l'Inde, en attendant qu'elle lui échappe, est un boulet attaché à ses pieds; les îles Ioniennes rongent leur frein et aspirent à vivre de leur vie propre. Tout ce qui vit sous la domination anglaise est impatient du joug que cette domination lui impose.

A l'intérieur, le mal est plus grave encore. La campagne de Crimée a mis en relief les vices profonds de l'organisation sociale qui, depuis près de deux siècles, ronge sourdement la Grande-Bretagne. Le peuple anglais commence à sentir le poids de cette oligarchie qui le sert, qui l'a fait riche et puissant, mais qui l'écrase. L'Angleterre est à la veille d'une révolution dont nous connaissons tous la cause, mais dont nul ne peut prévoir les effets.

Ainsi amoindrie au dehors et menacée au dedans, l'aristocratie anglaise se fourvoye; humiliée, son orgueil l'entraîne de faute en faute. Comme tous les pouvoirs arrivés à leur terme, elle ne saura pas abdiquer à temps, et il est dans sa destinée de tomber soit devant une réforme intérieure si elle arrive bientôt, soit devant quelque grand échec subi à la face de l'Europe.

Plaise à Dieu que les hommes d'État qui dirigent les destinées de la Grande-Bretagne comprennent la situation que la marche des événements a faite à leur pays et à leur caste! Plaise à Dieu qu'ils préviennent, par de sages concessions au dedans, par un changement complet de politique au dehors, le coup qui les menace! Ils ont donné assez de preuves d'intelligence pour qu'il soit permis d'espérer beaucoup de leur part. Mais par eux ou malgré eux les vues providentielles s'accompliront. Le peuple anglais ne se contentera pas longtemps encore du vernis de libéralisme qui décore sa surface; l'Europe, de son côté, ne souffrira pas longtemps non plus les tergiversations hautaines et les dédains de l'Angleterre.

Les grandes affaires européennes ne peuvent plus être exclusivement menées, entravées ou conclues par un vizirat britannique. Il faut que l'Angleterre entre dans la famille européenne, avec tout le poids de son autorité et de sa puissance sans doute, mais sur le pied de l'égalité morale ; il faut qu'elle renonce à ce monstrueux égoïsme politique qui la porte à sacrifier à son intérêt particulier, non-seulement ses propres convictions, mais l'intérêt de tous. La vieille politique anglaise, cette politique qui abandonne l'Italie au moment de la guerre, qui prend et quitte tour à tour un masque libéral, qui s'oppose seule au percement de l'isthme de Suez, qui n'a sacrifié ni un homme ni un écu pour l'indépendance italienne, et qui, hier encore, invoquait à grands cris cette indépendance pour empêcher la réunion d'un congrès, tandis qu'elle tient le pied sur la gorge des populations grecques des sept îles ; cette politique qui s'empare de Perim, contrairement à tous droits, et qui voit d'un mauvais œil la France et l'Espagne en Afrique, cette politique touche à son terme ; elle se modifiera elle-même ou on la modifiera.

IV

La France, plus qu'aucune autre nation européenne, a intérêt à cette modification. Le gouvernement français, quel qu'il soit, doit faire tous les sacrifices compatibles avec l'honneur pour conserver l'alliance anglaise, si cette alliance est sur le pied de la plus parfaite égalité ; il doit faire des sacrifices plus considérables encore pour la rompre, pour lutter contre l'Angleterre, si son gouvernement persiste dans la voie fatale où il est engagé, et affecte vis-à-vis de la France ces allures de supériorité que la France repousse de toute son énergie.

Une lutte avec l'Angleterre est donc possible. Puisqu'elle est possible, il faut l'envisager avec calme et éloigner les vieilles passions, les vieux ressentiments internationaux qui s'éveillent si facilement. Il faut surtout s'attacher à faire comprendre au peuple français que le peuple anglais est son frère, que ce frère souffre, étouffe sous la carapace d'une constitution aristocratique ; il faut distinguer entre le peuple anglais, qui volontiers nous tendrait la main, et cette redoutable oligarchie anglaise sans foi ni loi qui veut tout dominer, tout étreindre, tout envahir, qui souffle le froid et le chaud, le despotisme et la liberté pour assurer sa domination.

Oui, une lutte avec l'Angleterre est possible ; il dépend du cabinet anglais de l'écarter ou de la rendre inévitable. Si elle devient inévitable, sommes-nous de force à la soutenir, à la terminer glorieusement ?

De l'avis des hommes compétents et expérimentés, on peut répondre affirmativement à cette question, d'autant plus que dans un choc de cette nature la force des armes recevrait un appoint considérable de la force des principes et du bon droit, et le bon droit et les principes seraient du côté de la France. Mais, de l'avis de tout le monde aussi, une pareille lutte entre les deux grandes puissances occidentales serait une calamité publique qui compromettrait à la fois la cause de la civilisation et les plus graves intérêts.

Il faut donc rechercher avec le plus grand soin non ce qui peut déterminer un si redoutable conflit, mais ce qui peut amoindrir ou en faire disparaître les causes.

V

De notre côté, nous n'avons qu'à unir une très-grande fermeté à une très-grande modération; nous n'avons qu'à éclairer le gouvernement anglais sur les dangers que sa politique fait courir à lui-même et au repos de l'Europe.

Le gouvernement anglais au contraire doit agir sur lui-même, se transformer en quelque sorte et transformer sa politique actuelle, politique d'égoïsme et de domination, en politique d'égalité et d'association. Nous l'avons dit déjà, ce n'est pas chose facile. On est si lent à reconnaître ses propres torts et si indulgent pour soi-même! Notre devoir cependant est de faire appel sinon à la loyauté, au moins à l'intelligence des hommes d'État de l'Angleterre, de les solliciter au bien, de leur montrer le péril où ils courent et où ils nous entraînent, afin que si, un jour, malheureusement! le conflit éclate, l'opinion publique sache bien de quel côté est le droit, de quel côté l'aveuglement.

Nous devons éclairer l'Angleterre sur la situation réelle de l'Europe et sur l'impopularité sans cesse croissante d'une politique qui foule aux pieds les principes pour ne tenir compte que de son propre intérêt.

L'Angleterre semble avoir dormi du sommeil d'Épiménide. Elle tient si peu de compte des progrès accomplis, depuis la chute du premier empire, qu'il est nécessaire de les lui rappeler.

La multiplicité des échanges et des relations internationales, la création des chemins de fer, des lignes de navigation, de la télégraphie électrique, les expositions universelles ont changé la face de l'Europe. Les nations qui subissaient le proconsulat de l'Angleterre, qui acceptaient sa direction ou son *veto*, ont grandi et ne sont plus disposées à s'incliner devant elle. Toutes ont aspiré l'air vivifiant de notre grande révolution, toutes veulent vivre la vie de l'indépendance. Elles sentent que le moment est venu où la famille européenne doit se constituer sur des bases équitables et marcher vers la civilisation et la liberté.

L'Angleterre ne paraît pas se douter de ce mouvement, elle qui pourtant ressent, dans son propre sein, le contre-coup de notre révolution, elle qui épuise ses forces à maintenir sous son joug des nationalités dont le génie et les instincts sont antipathiques aux instincts et au génie de la race anglaise.

L'Angleterre est gâtée par ses succès. Elle a successivement humilié tous les peuples de l'Europe ; elle a surtout humilié la France, et c'est là ce qui explique sa répugnance profonde à traiter avec nous et avec les puissances européennes sur le pied de l'égalité.

L'Angleterre est dans la situation d'un homme qui se trouverait dans un salon au milieu de dix personnes, dont la tête se serait courbée sous quelque affront sanglant. Cet homme, que nulle injure n'aurait atteint, se croirait naturellement fondé à traiter légèrement ceux qui l'entoureraient, à le prendre de très-haut avec eux.

Paris, Vienne, Milan, Rome, Madrid, Berlin, Moscou, ont subi l'affront de l'invasion étrangère ; Londres seule doit à sa position géographique d'être immaculée. Que les hommes d'État anglais ressentent de cette virginité un légitime orgueil, cela se conçoit :

mais que cet orgueil aille jusqu'à vouloir perpétuer dans les relations les plus amicales le souvenir de nos défaites, que l'aristocratie anglaise y puise la conviction qu'elle est la suzeraine de l'Europe, qu'elle peut lui imposer sa volonté : c'est ce qu'il est impossible d'admettre.

Telle est pourtant la prétention de l'Angleterre. Il arrivera donc de deux choses l'une : ou l'Angleterre renoncera dans son propre intérêt à une prétention si exorbitante, ou elle subira une humiliation qui rétablira l'égalité.

Il est impossible de sortir de ce dilemme. Les rapports actuels de l'Angleterre avec l'Europe ne sont plus tolérables. Chacun sent cela, et c'est pourquoi nous subissons tous cette vague inquiétude qui pèse sur toutes les transactions et paralyse toutes les affaires. Chacun sent qu'il est impossible de prolonger une situation aussi anormale que celle où nous sommes, situation qui ne permet pas à l'Europe de creuser le canal de Suez parce que le cabinet anglais ne le veut pas, pendant que l'Angleterre plante sans plus de façon et au mépris de l'Europe son drapeau sur Périm. Chacun sent qu'un état de choses où l'on rencontre sans cesse une hauteur dédaigneuse et un mauvais vouloir systématique, où l'Espagne ne peut venger une insulte sur les côtes du Maroc sans l'assentiment de l'Angleterre, que cet état de choses ne peut durer.

Comment échapper à cette situation? Il faut nécessairement que la politique anglaise se transforme ou qu'on la transforme. Nous cherchons en vain, nous ne voyons rien en dehors de ces deux solutions.

VI

Cette nécessité de transformation de la politique anglaise domine toutes les questions européennes; elle est au fond de toutes les préoccupations, elle est la cause de tous nos malaises, de toutes nos crises. Certes, la question italienne, par exemple, a une importance capitale que nous ne songeons pas à nier, mais à qui la faute si elle n'est pas résolue encore? n'est-ce pas à l'Angleterre? Au mois d'avril dernier, un mot eût suffi pour prévenir la guerre d'Italie, pour décider l'Autriche à consentir à faire des concessions raisonnables qui eussent été accueillies avec plus de joie et de reconnaissance que ne le sont aujourd'hui les résultats partiels consacrés par le traité de Zurich. Ce mot, l'Angleterre n'a pas voulu le dire, et, qu'elle le veuille ou non, elle portera devant l'histoire la responsabilité de la guerre d'Italie et des embarras qui en sont la conséquence.

Des fautes de ce genre s'expient tôt ou tard. Le meilleur moyen de les réparer, est de n'en pas commettre de nouvelles. Le gouvernement anglais aggraverait ses torts si, sous le prétexte qu'il tient plus que tout autre à l'indépendance de l'Italie, à cette cause, pour laquelle il n'a rien fait, il tentait d'empêcher la réunion d'un congrès européen, s'il laissait échapper cette occasion de fonder sur des bases solides la paix de l'Europe et la paix du monde.

2

S'il est vrai que l'Angleterre ait été mieux éclairée sur ses
véritables intérêts, nous l'en félicitons. Il devait arriver pour le
congrès ce qui est arrivé pour la question du Maroc. Après avoir
voulu mettre obstacle à l'action de l'Espagne, et même à celle de
la France, contre les tribus indisciplinées des frontières de l'est
et contre les populations du Riff, l'Angleterre a cédé et a laissé
le champ libre aux gouvernements de Paris et de Madrid. Ce
sont là, en effet, des prétentions d'enfant gâté ; il faut savoir
leur résister dans une juste mesure.

Il faut que l'aristocratie anglaise se pénètre, et que nous
nous pénétrions tous, de cette vérité : c'est que l'Angleterre doit
exercer sur les affaires de l'Europe une grande influence, mais
non une prépondérance quelconque. Les temps sont changés ;
les nations européennes ont grandi, l'Angleterre n'a plus de
tutelle à exercer. Nul ne songe à la menacer ou à l'amoindrir ;
qu'elle ne songe à amoindrir et à menacer personne. Qu'elle
prenne dans les conseil de l'Europe la place considérable qui lui
appartient, rien de mieux ; mais qu'elle n'y occupe que sa place.
A cette condition, la paix ne sera point troublée ; elle le sera,
au contraire, si cette condition essentielle n'est point remplie.

L'aristocratie anglaise tient en ce moment dans ses mains les
destinées de l'Angleterre et celles du monde. Deux routes
s'ouvrent devant elle :

La première est celle qu'elle a suivie jusqu'à ce jour : c'est
celle de la vieille politique haineuse, jalouse, égoïste ; celle-là
mène aux abîmes.

La seconde est celle de la politique nouvelle, de la politique
d'union et d'association, des principes libéraux ; celle qui fonde
la prospérité, la grandeur et la gloire d'un peuple sur la gloire,
la grandeur et la prospérité de tous ; celle qui défend les causes

justes, soutient les faibles, fonde la liberté, rapproche les nations au lieu de les diviser ; celle-là mène au salut.

Que l'Angleterre choisisse ! De son choix dépendent la paix et les intérêts de la civilisation en Europe. Quel qu'il soit, la France est prête.

Prête à resserrer les liens qui l'ont unie à l'Angleterre sur le champ de bataille de la Crimée, si ces liens n'imposent aucun sacrifice à notre dignité, s'ils n'amoindrissent ni notre autorité, ni notre influence.

Prête à les rompre si, ce qu'à Dieu ne plaise, l'Angleterre voulait traiter la France en mineure.

Et qu'on ne voie pas dans le sentiment que nous exprimons ici, et qui est très-profond parmi toutes les classes de la population française, cette puérile vanité nationale, ce patriotisme étroit qu'on a presque ridiculisés sous le nom de *chauvinisme*. L'instinct populaire a une signification plus haute. Tous nous sentons que notre patrie a un grand rôle, une mission à continuer ; sans nous en rendre compte, nous savons que la France est un apôtre qui est armé, comme saint Paul, du livre et du glaive, le SOLDAT DE DIEU, suivant l'expression du poëte anglais ; nous attachons notre honneur à l'accomplissement de cet apostolat et de cette mission.

Quiconque s'y oppose est notre ennemi, quiconque les favorise est notre allié.

S'il est si facile encore d'éveiller parmi nous les vieux ressentiments contre l'Angleterre si l'on rencontre dans tous les rangs de la société des hommes très-pacifiques et très-économes d'ailleurs s'enflammant, se passionnant à l'idée d'une guerre contre l'Anglais, c'est que cet instinct dont nous parlions tout à l'heure est en eux, vivant, énergique.

L'Anglais n'est pas pour eux le citoyen anglais, c'est la politique anglaise, cette politique que la France a toujours rencontrée sur son chemin et à laquelle le peuple anglais ne prend d'autre part que celle de l'impôt. Cette politique a eu ses grandeurs et ses triomphes, mais elle n'a plus sa raison d'**être**. Elle est menacée à l'intérieur par l'esprit de réforme qui s'agite, à l'extérieur par des insurrections formidables; elle est plus menacée encore par les progrès que les nations européennes ont réalisés, par ce souffle mystérieux qui a affranchi la Grèce, la Belgique et l'Italie, qui a préparé l'indépendance des provinces danubiennes, qui a forcé l'Autriche à racheter ses droits féodaux, qui fait de l'empereur de Russie l'instrument le plus actif de l'émancipation des serfs.

VII

La politique anglaise est devenue la pierre d'achoppement de l'Europe. Si cette politique persistait dans ses errements, si avec ou contre le gré des hommes d'État, whigs ou tories, qui la dirigent, elle n'était point modifiée, c'en serait fait du progrès européen. La constitution de la famille européenne sur des bases plus équitables que celles qui furent données aux traités de 1815 deviendrait une chimère; nulle grande affaire ne pourrait être résolue. Toutes les forces sociales s'épuiseraient en luttes stériles, en tiraillements douloureux.

Nous n'en voulons d'autre preuve que ce qui se passe pour le percement de l'isthme de Suez. Les hommes spéciaux ont reconnu l'utilité générale de cette œuvre gigantesque, toutes les nations, y compris l'Angleterre, l'ont acclamée; le vice-roi d'Égypte attache la gloire de son règne à son accomplissement; une compagnie a été formée avec le concours de tous les capitaux européens; mais la politique anglaise la voit d'un œil inquiet et jaloux, cela suffit pour que l'entreprise soit paralysée. Vainqueurs à Sébastopol au profit de la Porte ottomane nous sommes battus diplomatiquement à Constantinople, et le sultan cédant aux plus mauvaises inspirations du cabinet anglais, signifie à Saïd–Pacha qu'il doit s'opposer à tout commencement d'exécution.

Une situation pareille n'est pas tolérable; elle révolte tous les sentiments de justice, elle est humiliante pour l'Europe entière, elle l'est surtout pour la France qui, en permettant qu'une souscription publique fût ouverte, s'est tacitement engagée à protéger l'entreprise en vue de laquelle les capitaux étaient appelés. Quel est le Français qui ne sente le rouge lui monter au front en songeant que la volonté seule du cabinet anglais prévaut en cette circonstance contre la volonté de tous, que l'intérêt mesquin de la politique anglaise l'emporte sur l'intérêt collectif de tous les peuples; que les capitaux, les ingénieurs, les ouvriers tout est prêt et attend quoi? qu'il plaise au cabinet anglais de lever son *veto* et de souffler au sultan un *oui* au lieu du *non* qu'il vient de signifier à son vassal le vice-roi d'Égypte.

Nous le disons du fond de notre âme : la paix est le plus précieux des biens, l'alliance anglo–française est la plus désirable des alliances, celle qui peut être la plus féconde en heureux résultats ; mais mieux vaudrait cent fois courir les chances de la guerre, mieux vaudraient, pour les intérêts Européens, les souffrances et les sacrifices qu'elle entraîne avec elle, que cette suzeraineté humiliante du cabinet anglais qui s'empare de Périm sans façon, à la stupéfaction de l'Europe silencieuse et qui ne permet pas le percement d'une grande route navigable et neutralisée à travers l'isthme de Suez.

Oui, mieux vaudrait la guerre que cette politique sans principes, cette politique sans autre règle que l'intérêt anglais, exclusivement anglais, qui se met en travers de toutes les questions, qui veut dominer partout, dominer toujours, tout prendre et tout diriger en vue d'elle-même, en vue d'elle seule. La guerre aurait de moins graves inconvénients; elle serait heureuse ou malheureuse. Heureuse, elle aurait pour le monde des conséquences incalculables; elle placerait l'Angleterre au niveau des autres nations européennes; elle ferait cesser une suprématie de fait que rien ne justifie; elle permettrait d'entreprendre et de mener à bien les grandes affaires en suspens, elle fonderait l'unité de l'Europe, l'unité monétaire, l'unité des poids et mesures, etc.; malheureuse, elle ne changerait rien à la situation actuelle; l'Angleterre resterait ce qu'elle est : la dédaigneuse suzeraine de l'Europe.

VIII

Y a-t-il du danger, comme quelques-uns le croient, à tenir un pareil langage, à laisser éclater bien haut le sentiment de notre dignité nationale, le sentiment de notre mission dans le monde? Faut-il croire ceux qui nous disent : « Ne parlez pas de l'Angleterre! Prenez garde d'éveiller ses susceptibilités, de blesser son orgueil! La France n'est pas en position de lutter contre elle! Une guerre maritime nous ruinerait et nous succomberions une fois encore sous les coups d'une coalition européenne! »

Nous ne le pensons pas. Nous sommes de ceux que nul ressentiment n'aigrit, qui admirent la vigueur de la race anglaise, sa puissante initiative, ses institutions dans ce qu'elles ont de libéral, qui aiment ses grands poëtes, ses grands orateurs, ses savants et ses écrivains. Nous sommes de ceux qui portent profondément dans leur cœur la conviction que l'alliance anglo-française, sur le pied de la plus parfaite égalité, serait le gage de la liberté et du progrès en Europe.

Mais nous sommes aussi de ceux qui ne jugent pas qu'un résultat si considérable puisse être obtenu sans efforts réciproques. La démocratie française et l'aristocratie anglaise ne peuvent pas plus se combiner d'une façon durable que des éléments contraires ne se combinent entre eux. Or, les fleuves ne remontent pas vers leur source. La France ne peut remonter vers le passé et se mettre à la recherche d'une constitution oligarchique. L'Angleterre suit le cours que nous avons suivi ; elle marche vers la démocratie et vers l'égalité. C'est à nous de l'attendre, c'est à elle de nous atteindre.

On dissimule le péril aux enfants; les hommes doivent le regarder en face. Le péril est à Londres.

C'est de là que partiront toutes les complications, toutes les intrigues, aujourd'hui blanches, demain rouges, aujourd'hui pour les peuples, demain contre eux.

Le devoir de la France est de résister avec calme et fermeté à toutes prétentions iniques de l'Angleterre. Plus cette résistance sera vive, plus elle sera digne et plus l'Angleterre sera disposée à céder.

Soyons sans crainte. Toutes les fois que nous nous opposerons aux tentatives injustes de la politique anglaise, nous aurons pour nous la plus irrésistible des forces : le droit.

Nous savons que cette force succombe parfois; mais la France possède des forces auxiliaires dont l'Angleterre apprécie l'utilité. Elle sait ce que vaut notre armée, ce que vaut notre flotte, ce que vaut notre crédit, ce que vaut notre influence. Ceux mêmes qui sont les plus disposés à ne pas tenir compte du droit réfléchissent assez sérieusement en présence des forces effectives et positives de la nature de celles dont la France dispose.

Mais, dit-on, la France serait isolée en Europe. Le gouvernement anglais éveillerait et grouperait autour de lui toutes les antipathies des souverains que l'esprit de la France trouble et menace sur leurs trônes. Devant une coalition nouvelle que ferait la France?

Les éléments d'une coalition européenne ne sont plus aussi faciles à combiner, à mettre en mouvement, qu'ils le furent de 1789 à 1815. La révolution française venait de traverser sa période sanglante; l'échafaud était rouge encore du sang de Louis XVI et de Marie-Antoinette, archiduchesse d'Autriche. Tous les trônes étaient ébranlés par la main de Bonaparte qui ne mettait pas de sourdines à son ambition. L'Angleterre était à l'apogée de sa puissance, elle pouvait battre monnaie et entasser les uns sur les autres les milliards de sa dette publique pour soudoyer les armées européennes.

Nous n'en sommes plus là. Le principe révolutionnaire, ce principe qui compte les peuples pour quelque chose a conquis du terrain. Il a franchi les frontières de la Russie elle-même; il a affranchi des peuples reconnaissants et a dépouillé ses allures effrayantes. L'Angleterre, de son côté, a traversé de mauvais jours et elle aurait quelque peine à soudoyer aujourd'hui une coalition quelconque. Les souverains de l'Europe hésiteraient devant une alliance avec l'Angleterre, car ils savent ce que coûte une pareille alliance et peut-être lui préféreraient-ils encore une alliance avec la démocratie française.

Ce sont là des considérations qu'il faut peser mûrement. Et puis, dussions-nous être isolés, n'est-ce rien que le concours des peuples ? L'Angleterre elle-même n'est-elle pas menacée par le flot ascendant de la démocratie ? L'Autriche est-elle bien sûre de la Hongrie, du Tyrol, de la Vénétie ? La Pologne n'a-t-elle pas dans ses flancs quelques vieux ferments d'indépendance ? Rome ne serait-elle pas submergée déjà si nous n'avions opposé une digue à la marée populaire ? Le roi de Naples trouve-t-il son trône solidement étayé ?

Non ! La France, tant qu'elle dépouillera l'esprit de conquête, ne sera jamais seule en Europe, elle aura des auxiliaires partout, à Londres plus qu'ailleurs, et les hommes d'État de l'Angleterre le savent mieux que personne.

Faisons donc tous nos efforts, tous les sacrifices compatibles avec notre honneur et notre dignité pour maintenir l'union avec l'Angleterre, si l'Angleterre consent à ce que cette union soit basée sur l'égalité des deux pays ; mais comme la politique anglaise est sujette à de brusques revirements, ne craignons pas d'envisager les possibilités d'une lutte. Nous dirons plus, il est du devoir de la France de s'y préparer, puisqu'il est de son devoir de se soustraire et de soustraire la famille européenne aux prétentions exagérées, à la domination tracassière de la politique anglaise.

Habituons-nous donc à regarder en face les plus douloureuses éventualités afin de n'être point surpris par les événements quels qu'ils soient. Combattons les préjugés et les passions populaires dans ce qu'ils ont d'excessif, de violent, de déraisonnable. Persuadons-nous bien que nous n'avons ni vengeances, ni représailles à exercer contre l'Angleterre. Laissons les souvenirs irritants du passé et ne nous préoccupons que du présent et de l'avenir. Ayons la conscience de nos devoirs et n'ayons pas de colères.

L'Angleterre a droit a une grande place dans la famille européenne, mais elle n'a droit à aucune supériorité ; ou elle prendra d'elle-même la place qui lui appartient ou on l'y mettra, telle est l'invariable formule de la politique française vis-à-vis du cabinet anglais, et plus cette formule sera brève, calme, énergique, plus elle trouvera l'Angleterre disposée à l'accepter. L'Angleterre est forte en proportion des faiblesses qu'elle rencontre ; supprimons les faiblesses, et cette force mal dirigée reprendra ses proportions naturelles.

IX

Nous venons d'énumérer rapidement les diverses conditions qui nous permettent d'espérer que nous ne serions ni isolés, ni battus dans le cas d'un conflit avec l'Angleterre, conflit qui ne peut éclater que si l'Angleterre le provoque elle-même directement ou indirectement par son obstination à persister dans la voie où elle est engagée.

Nous avons de plus qu'elle des populations aguerries, une armée que le principe d'égalité élève au-dessus de toutes les armées de l'Europe ; nous avons toutes les puissances de la démocratie.

L'Angleterre n'a sur nous qu'une supériorité réelle, incontestable, incontestée : elle a la liberté dans la plus large acception, liberté de la presse, liberté de réunion, d'association, etc. C'est à cette conquête qu'elle doit sa véritable grandeur. La liberté et l'égalité sont dans l'arsenal des forces morales ce que les canons rayés et la vapeur sont dans l'arsenal des forces matérielles.

L'égalité, nos pères l'ont conquise, et elle a pénétré nos mœurs, nos institutions, nos lois ; elle est indéracinable. L'Angleterre a la liberté, pourquoi ne l'aurions-nous pas aussi ? pourquoi nous priverions-nous d'une arme offensive et défensive aussi puissante ? L'Angleterre ne craint pas de nous emprunter nos canons rayés ; pourquoi ne lui emprunterions-nous pas une arme mille fois plus précieuse et plus utile ; une arme qui crée au lieu de détruire, qui fonde au lieu de renverser ?

Pourquoi laisser à un allié, qui peut être un adversaire demain, la possession exclusive d'un bien que nous pouvons nous assimiler, dont l'usage nous est déjà familier ?

Il est possible que le gouvernement français juge que le moment n'est pas opportun pour donner à l'édifice qu'il a fondé ce couronnement dont on a tant de fois parlé depuis le jour où il fut promis. Mais en toutes choses il faut peser les avantages et les inconvénients et se décider suivant que la somme des uns l'emporte sur celles des autres. Nous avons la conviction que la liberté n'aurait pas plus de fâcheuses conséquences que n'en a eu la proclamation de l'amnistie. Ce n'est pas de notre conviction qu'il s'agit. Nous examinons ici, sous l'inspiration du plus pur patriotisme, les conditions d'existence de la France et de l'Angleterre ; nous constatons que la politique anglaise a de tels entraînements, de tels aveuglements, de tels orgueils, de telles prétentions qu'à un jour donné, ce peut être un devoir pour la France de la combattre. Nous reconnaissons que l'Angleterre n'a sur nous qu'une supériorité réelle, mais une supériorité qui, à un jour donné, peut être écrasante. Cette supériorité, pouvons-nous l'avoir, pouvons-nous en jouir ? oui, puisque nous en avons joui déjà. Devons-nous nous l'assimiler? oui puisqu'elle représente une force invincible.

Nous n'examinons point la question de savoir si elle est nécessaire à notre vie intérieure, si elle rendrait plus facile le jeu de notre organisme social. La chose n'est point douteuse pour nous. Le seul point à élucider est celui-ci : l'Angleterre doit-elle à la liberté la puissance dont elle ne fait malheureusement pas toujours un bon usage et qu'elle est trop portée à diriger vers un but égoïste?

L'histoire à la main, on peut répondre affirmativement. C'est à la liberté que la vieille Angleterre doit cette initiative, cette hardiesse de conception et d'exécution qui l'ont placée au premier rang parmi les nations; c'est à la liberté qu'elle a dû de surmonter tous les obstacles entassés sur sa route; c'est à la liberté que le grand Peel s'adressa lorsqu'il voulut résoudre le problème des céréales; et enfin, s'il était besoin de prouver le prix excessif que l'Angleterre attache à la liberté, nous n'aurions qu'à rappeler les efforts qu'elle a faits de tout temps pour en garder le monopole, pour empêcher les autres nations d'en jouir, ou pour en provoquer l'abus chez celles qui en jouissaient déjà.

Puisque la liberté est une arme si puissante, possédons-la inscrivons la liberté dans nos codes. Le gouvernement anglais se croit d'autant plus fort contre nous et contre l'Europe, qu'il sait l'Europe désarmée en un point si important. Armons-nous et il suffira peut-être de cette résolution pour faire comprendre à l'Angleterre l'anachronisme de ses ¡ rétentions, pour la ramener à un sentiment plus juste de sa situation et de la situation de la France.

X

Résumons-nous :

L'aristocratie anglaise est menacée à l'intérieur par l'esprit de réforme qui gagne de jour en jour du terrain, et à l'extérieur par les insurrections, par la haine que son joug inspire. L'Angleterre touche à une heure décisive et solennelle. Sa politique égoïste, ambitieuse, dominatrice, froisse l'Europe qui a pu accepter autrefois la tutelle des marchands par lesquels elle avait été soudoyée, mais qui la repousse aujourd'hui.

Cette politique est devenue impossible, elle sera modifiée :

Ou par l'oligarchie britannique elle-même, si elle est heureusement inspirée et si elle a la force de se châtier elle-même;

Ou par une révolution intérieure ;

Ou par un événement extérieur qui humiliera irrévocablement sa puissance.

L'Europe, et la France en particulier, ne peuvent plus souffrir aujourd'hui que l'Angleterre exerce sur leurs affaires une influence tracassière, qu'elle oppose son *veto* aux entreprises qu'elle croit contraires à ses intérêts, qu'elle exerce en un mot une prédominance que rien ne justifie; qu'elle se fasse juge des griefs de la France ou de ceux de l'Espagne contre le Maroc, qu'elle leur permette ou non de prendre les armes, qu'elle empêche le percement de l'isthme de Suez, qu'elle soit aujourd'hui contraire et demain favorable, au gré de ses intérêts, à l'indépendance d'un peuple.

De pareilles prétentions ne sont plus admissibles.

L'alliance sincère de la France et de l'Angleterre est sans contredit le plus grand fait qui puisse se produire pour la paix et le progrès du monde, mais à la condition essentielle, indispensable, que cette alliance sera fondée sur la plus parfaite égalité.

Quel que soit le prix que nous attachions à cette alliance, mieux vaudrait encore la briser que de nous mettre à la remorque et pour ainsi dire sous les ordres de l'Angleterre.

Il faut prévoir le cas où l'oligarchie anglaise, aveuglée comme le sont ceux que Dieu veut frapper, ne consentirait pas à modifier sa politique et persisterait à vouloir faire prédominer sa volonté sur le droit et la justice.

Dans ce cas, un conflit deviendrait inévitable.

Donc il faut se préparer avec calme, avec énergie à un conflit, puisqu'il est possible, en même temps qu'il faut ne rien négliger pour écarter un si grave événement.

L'Angleterre n'a sur la France qu'une supériorité réelle; elle

n'a en son pouvoir qu'une seule arme que nous n'ayons pas :
c'est la liberté, qui a été le levier de sa puissance.

Prenons lui cette arme comme elle nous a pris nos canons
rayés.

La fermeté de notre attitude vis-à-vis d'elle, la certitude que
nous désirons son alliance, que nous voulons la paix, mais que
nous lui résisterons, fût-ce par les armes, toutes les fois qu'elle
élèvera une prétention injuste ou hautaine, cette fermeté et cette
certitude, disons-nous, suffiront peut-être à éclairer l'Angleterre et à assurer la paix, ce bien suprême auquel il faut tout
sacrifier, hors l'honneur et le devoir !

Paris, **30** octobre **1859**.

F I N